JN437910

詩人의 딸

최철미 시집

詩人의 딸

최철미 시집

A Collection of Poems

on

Love, Faith & Hope

Poet's Daughter

by

Rachel Cheol Mi Choi

Published by YoungMoon Publishing Company
Printed in the Seoul, Korea

아버지의 詩 – 헌시(獻詩)

무명 시인이셨던
내 아버지

아버지의 시는
항상 외로웠다
고독으로 한을 푸는
아버지의 시

당신의 딸도 시인이 되었다는
이 소식을 듣고
기뻐하셨을까

아니면
대를 잇는
업보에
서러워하셨을까

아버지,
여기 제 시를

아버지께 드립니다
이제 편히 눈을 감으세요

아버지의 남은 한은
제가 시로 풀렵니다

철미(哲美) – 아버지, 崔世勳 詩人의 詩

능금
따 먹고 심었다
나의 씨……. 나의 아씨,

풀각시
여며대는 땀방울
오월에 묻어난
너의 꽃울음,

풋과일
汁(즙)내는 소리
음악이었다

가슴으로,
팔뚝에서 흘러내리는
무게 純金(순금),

맨 처음
살포시 뜨던 純銀(순은)의 눈

처음 부신 햇빛,

日月火水木金土 …….
지금 내 눈엔 純銀(순은)으로 純銀(순은)으로
네가 부시다.

철미야
내 새끼

—〈文學春秋〉 12월호, 《韓國詩選》 1968년, 《별 하나의 永遠을》 1968년

전봉건 시인의 해설 — 금 중에서도 순금이 가장 귀하다. 은 중에서도 순은이 가장 귀하다. 사람의 목숨 중에서는 때 묻지 아니한 순진무구한 목숨이 가장 귀하다. 어린 목숨 …… 아기가 가장 귀하다. 아기와 나란히 있을 때는 꽃도 향기를 잃고 별도 빛을 잃는다. 피가 통하는 아기의 향기보다 더 향기로운 것이 없고 아기의 숨 쉬는 빛보다 더 영롱한 빛은 없다. 아기가 바로 제 살과 그리고 넋을 나눈 핏줄일 때 — 사람은 본다. 가슴 안에 보듬은 아기의 전부에서 이 세상의 모든 빛을 합

친 듯한 눈부심을, 이 세상의 모든 빛을 합친 것보다 더한 눈부심을.

> 내가 가장 아끼고 사랑하는, 아버지의 시, '哲美' 를 여기에 같이 싣는다. '내 새끼' 는 우리 아버지께서 종종 나를 부를 때 쓰시던 친근한 표현이다. 돌아가시기 사흘 전까지도 "걱정 마, 내 새끼" 하시며 도리어 나를 위로해 주시던 아버지…….

나의 첫 시집, 《詩人의 딸》을 아버지, 故 최세훈 시인께 바친다.

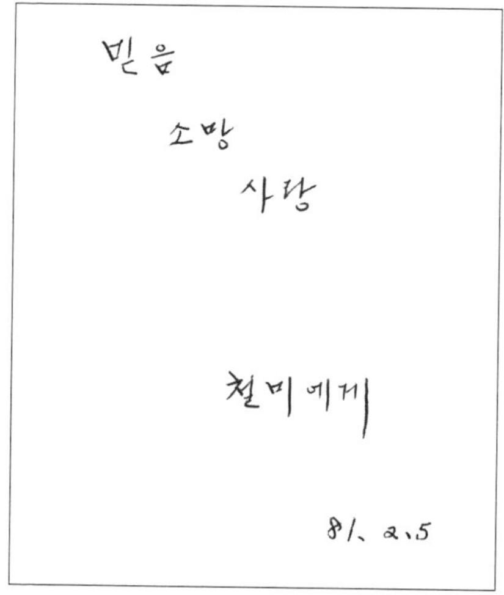

믿음

소망

사랑

철미에게

81. 2. 5

_ 찬송가 안에 써 주신 아버지의 글씨

차례

제2부 · 그리움, 그 고백

제3부 · 믿음의 축복

제4부 · 소망의 노래

제5부 · 내 살아갈 동안

제6부 · 기도시

제7부 · 내 사랑하는 이들에게

제8부 · 그 이전의 고독(孤獨)

제1부

눈물로 쓴 아가(雅歌)

연시(戀詩)

나는
당신의 고운 숨결에도
파르르 떨고 있을
가녀린 풀잎

당신을 향해
팔락이는
작은 깃발

당신께서 푸른 밤으로 오시면
나는 당신의 하늘을 수놓을
별빛 하나로 남겠습니다

당신께서 한 그루의 소나무로 서 계시면
나는 당신의 여린 가지에 머물
초승달로 뜨겠습니다

나는 당신의 바다에서
파릇한 해초로 떠올라

은혜의 파도를 타고
넘실거릴 한 줄기 노랫가락

당신께서 단비로 오시면
나는 당신의 촉촉한 대지 위에
내 소망의 어린 싹을 틔워

무지개로 피어오를
복락의 약속을 기다리는

꽃망울 하나로
영글겠습니다

안개꽃의 노래

나는
아무도 쳐다보지 않는
조그만 풀잎

안으로
안으로만 흘린
내 눈물방울들이
흘러내리지 못하고

가슴에 매달린
고드름이 되었다가

앙금처럼 영글어
꽃망울이 되어

이제
잔잔한 은혜로 피어
말라도 시들지 않는

다른 꽃들 뒤에 서서
내 은은한 미소로
그들을 한껏 축복해 주리니

풀잎의 노래

내겐 향기가 없어요
꽃도 없지요

하지만 날 사랑해주세요

내 여린 뺨에 입을 맞춰주세요
그대 따뜻한 입술로
풀피리를 불어주세요

가늘게 떨리는 내 온몸으로
그대의 현을 당겨
우리 둘만의 곡조를 연주해드릴게요

영혼과 영혼으로 천상에 닿을
당신과 나의 노래

그대 고운 숨결로
풀피리를 불어주세요

옥잠화의 노래

하얀 옷섶이
너무나 청초해 보여

오똑 선 꽃술은
주님을 향한
그리움이야

말씀과 기도로 길어올린
사랑의 수액(水液)

감사와 기쁨으로
홀로 피어나

아주 멀리서도
느낄 수 있는
주님의 은혜

그윽한 향기

해바라기의 노래

당신의 얼굴만
온종일 바라보다
이름까지 해바라기가 되었습니다.

당신이 계신 곳에
닿고 싶어
키만 훤칠 컸습니다.

당신의 모습을 닮고 싶어
햇살 무늬 너울 쓰고 살다
얼굴마저 노오랗게 떴습니다.

당신을 기다리다
이 조그만 가슴
온통 까맣게 타들어 갔습니다.

다시 올 여름에도
당신을 맞고 싶어
가슴 하나 가득
그리움의 까만 씨앗들을 안고 삽니다.

나무의 노래

내 잎사귀 새로 살랑이는 봄바람은
당신의 휘파람 소리
당신의 노래를 들으며 내 새순이 돋네

내 꽃망울 위로 머무는 여름날의 햇빛은
당신이 나를 향해 읊는 사랑의 밀어
당신의 속삭임을 들으며 내 꽃잎이 열리네

내 뺨을 타고 내리는 가을비는
나를 위해 흘리는 당신의 눈물
당신의 눈물방울로 난 열매를 맺네

겨울날 흩날리는 하얀 눈송이는
당신이 나를 위해 바친 기도의 꽃가루

나는 나를 한 잎 한 잎
모두 벗어 버리고

천상으로
천상으로 향하는
내 작은 소망의 씨앗을 품네

나비의 노래

내 꿈의 하얀 날개를 접어 올리고
당신께로 날아오르렵니다

내 힘에 버거운
삶의 무게

이젠
무게도 없는
가벼운 내 혼이
소복을 하고
연기처럼
당신께로 날아오릅니다

당신의 하늘가로
고즈넉이 떨어질
하얀 꽃잎 하나,

오늘 밤엔
당신의 하늘을 밝혀 줄
샛별 하나로
떠오르렵니다

신부(新婦)의 노래

나는 지금 여기 서서
당신이 오시기를 기다리는 신부(新婦)예요

당신이 내게 주신 십자가를
어차피 지고 가야 한다면
이 세상 끝날까지
기쁜 마음으로
메고 갈 수 있게 해 주세요

아주 아주 먼 옛날부터
난 알고 있었지요
내가 당신의 사람임을

당신이 내 가슴에
문신처럼 새겨 놓은
사랑의 각인(刻印)

그 애달픈 상흔(傷痕)이

이제
당신을 향한
그리움으로

내게 남아 있으니

진주의 노래

여린 살 속에
박힌 가시를
감싸고 어루만져
만들었어요

피 한 방울,
살 한 점으로
빚어낸 사랑

눈물로 닦아낸
기나긴 세월

상처가 깊을수록
고운 빛 나는

진주가 되지요

촛불의 기도

누구 하나 날 찾는 이가 없어도 외롭지 않아
기도하는 두 손은 언제나 당신을 향해 포개졌기에
꽂아서 받쳐 줄 촛대 하나 찾지 못했어도
純白(순백)의 믿음으로 그저 곧게만 서 있었더니

당신께서 당겨 놓은 작은 불씨 하나
내 영혼에 밝힐 때마다
온몸으로 마음살을 앓으며 견뎌온 내 젊은 날들이
그저 따뜻한 눈물로 녹아내리는 것을

가느다란 심지가 숨죽여 타들어갈 때마다
나도 조금씩 팔랑이며 죽어가는 소리

작지만 뜨거운 가슴으로
내 남은 날들을 밝히게 하소서

촛불의 노래

내 혼을 살라서
피워 올린 향불은
당신을 향한
나의 기도

당신의 말씀대로
내 살을 녹여서
내 어둔 이웃을
밝히겠습니다

타
오
르
게
하
소
서

내 혼의 마지막
한 가닥까지도

남김없이
타오르게 하소서

그리하여
마지막엔
아무것도
남지 않게

오직
당신만 남게 하소서

포도알 연가

속살까지 비치는
매끄러운 살갗이 부끄러워
혼자서는 달리지 못하고
송이송이 함께 열렸습니다

포도 알 하나하나
봄날의 단비 한 방울
여름날의 햇빛 한 가닥씩 담고

그리워
그리워서
가을이 채 오기도 전에
주렁주렁
가을의 시들을
읊어봅니다

내가 부르는 노래는
아주 어릴 적부터
당신께서

가르쳐 주신
사랑의 노래

알알이 넘치는 감사함으로
포도 향 짙은 한 잔의 술을 빚어
당신께 바치렵니다

민들레의 노래

사람들은 꽃인 줄도 모르고
그저 길가에 흔히 피어 있는
잡초인 줄 알지만

아주 작고 힘도 없이
장미처럼 예쁘지도 못하고
국화 같은 향기도 없이
카네이션같이 인기도 없지만

허락하신 땅이면 그 어디든지
조그만 뿌리를 깊이 내리고
작은 팔을 한껏 벌려
세상을 보듬고 살아가는 꽃

꽃잎마다 가득한
천사들의 합창

하늘이
살포시
내려와 앉아

날마다
온종일
하늘을 받들고 사는

순종의 꽃

코스모스의 노래

기나긴 세월을
기다리며
살았습니다.
겨울, 봄 그리고 여름……

언제 오시려나
가느다란 목 길게 빼고서
금세라도 다가올
당신의 모습이 그리워
애꿎은 먼 산만 바라보다가

지나가는 산들 바람은
내게 생명을 불어넣어 주시던
당신의 은은한 숨결

당신을 기다리는
마음은 한결같습니다

이제

가을이 오는 길목에 서서
여덟 폭 치맛자락마다
푸른 하늘을 담고
충만한 이 계절을 열겠습니다

어느 가을날 아침에

겉봉만 보아도 반가운 편지 봉투 속에서 나온 단풍잎 하나가 말합니다. "가을이 벌써 이만큼 와 있어요." 단풍잎 가운데 새겨진 "Thank you" 도리어 제가 감사의 말씀을 드려야 하는데……. 한동안 말을 잃고 맙니다.

그러고 보니 앞집의 키 큰 단풍나무도 어느새 알록달록한 가을 옷으로 갈아입고 보란 듯이 서 있습니다. 가을을 재촉하는 가랑비가 내리고 난 어느 날 아침, 단풍잎을 주워 들고 단풍잎 위에 가을의 시(詩) 한 편씩을 새겨봅니다.

단풍잎의 노래

나를 보세요
가을이 벌써 이만큼 와 있어요

별모양 반짝이는
작은 기도들로
가을 하늘을 수놓고 싶어요

나뭇가지마다 매달린
작은 언어들로
가을빛 고운 옷을 입고 싶어요

소근소근
가을 이야기들이 하나씩 익어갈 때마다
사락사락
가을시(詩) 하나 낙엽으로 내려와 앉는 소리

내 작은 손을 높이 들고
이 축복의 계절을 노래할래요

단풍잎 연가

가을비는 언제나 너무 이릅니다
그리움에 노랗게 여윈 마음,
찬바람에 바삭이며 사위어갈 뿐입니다

젊은 날의 가슴앓이,
이제는 선연한 추억으로 남아
작은 가슴만 붉게 물들일 뿐입니다

푸르기만 하던 옛이야기들도
너무 오래 가슴에만 묻어둔 탓에
잎사귀 끝에서부터
조금씩
아주 조금씩
가을빛으로 타들어 가는데

가을을 타는 나의,
올해도 어김없이 찾아오는
한 분뿐인 사랑은

당신입니다

바 다

오랜만에
다시
안겨보는
바다

다시 하나가 되고 싶어

가슴 하나 가득
그리움의 포말(泡沫)을 안고
뭍을 향하여
밀려오는 바다

검푸른
내 자의식이
하얀 물거품으로
부서지는 바다

그래서 다시
당신의 품으로

돌아가는
나의 바다

난
이제
동그마니
해변에 서서

당신이
돌아오실
그 날을 기다리고 있네

바다에서

보고 계십니까. 애잔히 부서지는 그리움의 작은 물거품들을.
이내 잡힐 듯이 가까이 보이지만 이내 내 눈 앞에서 부서져가는 파도.
당신을 사랑하기에 버려야만 했던 내 자의식의 가여운 포말(泡沫)들 …….

인생의 반을 살았어도 그리움이 여전함은, 무슨 까닭입니까.
세월이 흐를수록 더 깊어만 가니 무슨 연고입니까.
당신을 향한 그리움의 度(도)가 더 깊어만 감은.

늘 은혜의 비로 축여 주셔도
바닷물을 마시고 사는 사람처럼
더 목이 마름은 무슨 이유입니까.

언제나 돌아오시렵니까.
검푸른 바다 앞에서 가슴으로 읊는
망부사(望夫詞)의 끝 소절은 언제나 똑같습니다.

하늘

하늘이 실구름으로 흩어지는 그 때
나는 알았습니다

하늘은
끝없는
나의 바다

하늘에서
낚아 올리는
투명한 시어(詩魚)들이
파닥이는 소리

하늘에서
길어 올리는
푸른 바닷물이
찰박이는 소리

작은 별 하나에
닻을 내리고
나는
행복한 어부가 됩니다

아침 기도

푸른 새벽
밝아오는 하늘가에서
눈을 씻으면

말갛게 살아오는
새 날, 새 하루

새벽마다 찾아오시는
나의 님께
내가 드릴 것이라고는
가난한 시편뿐이어도

밤새 헝클어진 머리를
단정히 빗어 내리며
거울 속의 나를 맞는
또 다른 아침

내게 또 한 번 허락하신
이 소중한 시간

감사한 마음
기쁜 마음으로

오늘 하루를
살게 하소서

저녁 기도

저녁 햇살은 나의 창가에 너울거리는 당신의 소맷자락. 나의 기도는 내 혼을 우려내어 당신께 바치는 한 잔의 차(茶). 나의 어설픈 언어가 당신을 향해 떠올라 당신 안에서 걸러지고 또 걸러져서 투명한 물방울 하나로 내 가슴에 떨어지는 순간.

어쩌면 먼 옛날엔 하늘마저 커다란 바다였으리.
당신께서 지으신 또 하나의 바다로
아득히 피어오르는 나의 숨결은, 봉숭아 꽃물.
당신의 하얀 옷깃에 꽃물이 드는가 싶더니
이내 당신의 바다 속으로 잠겨버리고.

썰물처럼 노을이 비껴나간 당신의 바다엔 밀물처럼 다가오는 보랏빛 어스름. 당신의 바다가 내려와 열리면, 나는 어느새 별을 따는 해녀가 된다. 밤하늘 속에 꼭꼭 숨은 시어(詩語)는 내가 찾아 헤매는 별. 별빛 하나 내 영혼에 담고 나는 행복한 시인(詩人)이 되어 당신의 품 안에서 깊은 잠이 든다.

제2부

그리움, 그 고백

사랑의 서(序)

아직은 당신의 온기로 따뜻한 지금
나는 당신의 모습을 접어
내 가슴속에 담습니다

아침 햇살처럼 눈이 부시게
저녁 노을처럼 황홀하게
한겨울 힘빅눈처럼 포근히게
내게 다가오던 당신

당신을 향한 나의 기도는
여름 밤 은하수같이
빛나는 별들이 되어
나의 하늘로 쏟아집니다

당신을 위한 나의 노래는
봄 하늘 꽃가루마냥
나의 대지 위에 흩날립니다

내가 부르는 당신의 이름은

푸른 메아리가 되어
나의 산과 강을 타고 울려퍼집니다

당신을 그리는 나의 마음은
고향을 찾는 나그네처럼,
첫눈을 기다리는 아이처럼
마냥 설레기만 합니다

고백(告白)

내가 당신을 떠나려 해도
당신은
내가 당신에게 곧 돌아오리라는 것을 압니다

내가 당신을 피해 꼭꼭 숨어 다녀도
내 발자국을 아는 당신은
나를 꼭 찾아내고야 맙니다

내가 당신을 외면하고, 등을 돌릴 때마다
내 어깨를 보듬어
나를 되돌려 세우는 당신

내가 당신을 멀리하려 해도
당신은 나를 짝사랑하는 님,
언제나 내 가까이에 있습니다

당신의 사랑이 너무 힘겨워
당신의 수제자가 당신을 모른다 하였듯이
나도 당신을 모른다 하고 싶습니다

당신을 사랑함은
나를 사르는 일,

그러나 나는 이제
내 마음의 창문을 열고 당신에게 말합니다
당신이 날 사랑함과 같이
나도 당신을 사랑하노라

왜 나를 사랑하느냐고
더 이상 묻지도 않으렵니다

더 큰 사랑을 주시는
당신의 소리 없는 응답에,

나는
나의 사랑을
한 편의 시로 접어
당신에게 띄웁니다.

내가 시를 쓰는 이유

내 나이 서른,
무엇을 바라고
이 낯선 땅에 와서
살고 있는가

고향에 가려 해도
내가 돌아갈 곳이 없네

유배지의 나그네가 되어
고향을 찾아 헤매던
지난 십 년,

죽음의 색은 잿빛이지
나는 내 귀한 언어를
한 줌의 재로 만들어
망각의 강으로 띄워 보낸 줄만 알았는데

내 언어의 앙금은
제 무게에 겨워

흘러가지 못하고

강바닥
깊은 곳에 묻혀
사금(砂金)이 되다

지금
나는
내 영혼의 배를 타고
사금을 캐는
외로운 시인

해빙기(解氷記)

임종을 맞은
아버지의 발은
아직
따뜻하였다.
나는
아버지의 발을 붙들고
아버지, 편히 가세요 했다.

밀랍 인형처럼
관 속에 뉘인
누이의 발은
손이 시리도록
차가웠다.

나는
누이의 발을 감싸며
누이의 죽음이
금세 깨고 말
악몽이기를 빌었다.

내 사랑하는 이들을
땅속에 묻고
그리고서
나는
결심을 했다.

이제 다시는
죽어가는 것들을
사랑하지 말자.

그들이 죽어지면
내게 남는 건
뼈저린 상실의 아픔.

내 고통의 바다는
망각의 강보다
훨씬 깊고 넓었다.
눈물샘이 갈라져
내겐 눈물 한 방울 남지 않았다.

그날
나는
내 무덤을 파고

내 존재의 이유를
죄다 묻어버렸다.
　　　나의 기도와
　　　나의 꿈과
　　　나의 시를.

몇 번의 겨울이 지나고
내 무덤가에 핀
한 송이 풀꽃을
뽑아 버리려다
차마 그러질 못하고
돌아서는 나의 등 뒤엔

무덤을 열고 나온
나의 분신이
그의 뜨거운 눈물로
꽁꽁 얼어버린
나의 두 발을
녹이고 있었다.

　　　나의 믿음과
　　　나의 소망과
　　　나의 사랑의 잔해로 빚어진

나의 분신은

그의 뜨거운 입김으로
꺼져가는 내 영혼의 불을
되지피고 있었다.

Resurrection

On his deathbed, Daddy's feet were still warm.
"Good bye, Daddy," I said,
Holding his feet with my hands.

Inside her coffin, Sister's feet were already cold.
I wished her death had been just a nightmare
from which I would soon wake up,
Wrapping her two feet with my two hands.

After I buried them, I promised myself that I would
not love anyone anymore.
The sea of agony was much deeper and wider than the
river of oblivion ...
No teardrops were left in my eyes.

That day, I dug up a new grave, and I buried the very
causes of my being:
My prayers, my dreams and my poetry ...

Several winters had gone by and
A nameless flower bloomed on my grave.
I wanted to pick it and throw it away,
but somehow I couldn't.

Behind me, there He was
Holding my two feet frozen and
Warming them up with His own tears.

Risen from the ashes of
My faith, hope and love,
He was reviving the diminishing fire in my soul with
His own breath.

자화상(自畵像)

먼 길…….
십 년을 헤매나
고향에 돌아온
내 곤한 심신이여

내 슬픈 노래는
내 가냘픈 언어의 사다리를 타고
천상에 닿지

가슴에 차오르는
밀물 같은 그리움

당신은 내게
영감을 주는 사람

당신의 사랑으로
내 아픔을 견디었지

내가 당신을 사랑하므로
이 슬픔도 기쁨이어라

가을 숲에서

솔방울 주으려
찾아간 숲 속에서

그리움의 파편처럼
노랗게 여의어 있는 낙엽만
한 아름 주워왔습니다

새가슴을 하고
올려다본 하늘

당신이 그리워
되돌아가는 길엔

낙엽처럼 노란 가슴을 한
참새 한 마리가
날개를 접고 앉아 있었습니다

재회(再會)의 상상(想像)

우린 어떤 모습으로 서로를 다시 만나게 될까. 먼 기억 속에 묻어둔 여린 너의 모습을, 하얗게 사윈 네 모습에서 애써 찾아보려 할까. 그러면서 잃어버린 세월을 서글퍼 할까. 이젠 기억조차 아스라한 우리 둘만의 시간들을.

어울리진 않겠지만 악수를 청해 볼까. 그러면 추억의 능선을 타고 모락모락 피어오를 옛 생각들이, 내 따스한 실핏줄을 타고 네 훈훈한 가슴으로 전해질까. 그리고선 아무런 말이 없어도 모두 다 알 것만 같은, 그런 눈빛으로 서로를 마주보겠지.

그 옛날처럼 한 잔의 차를 마시며 옛날 얘기에 젖어 볼까. 둘이 되지 못한 하나가 다른 하나를 그리며 살았다는 옛날 얘기를 ……. 바싹 말라만 가는 입술을, 싸늘하게 식어버린 한 모금의 차로 적시려 하겠지. 턱을 괴고 앉아, 만약에 그네들이 둘이 되었더라면 어떻게 되었을까 하고 상상해 볼까. 풍선을 놓쳐버린 어린 아이마냥, 꽃무늬로 번져오는 아쉬움에, 자꾸만 목이 잠겨 올 것만 같은데 …….

여느 때처럼 어깨를 나란히 하고 너와 함께 걸어 볼까. 너와 내가 따로따로 걸어온 길들을 서로에게 보여주며 지나온 여정을 이야기 할까. 갈래갈래 엇비켜간 그 길들 위엔, 차마 피지 못하고 떨어진 꽃망울, 꽃망울들. 그들을 주워 담아 네 손바닥에 올려놓고 후우하고 불면, 나비처럼 흩날릴 내 작은 소망의 잔해.

세월의 물결 속에서 제 무게에 겨워 흘러가지 못하고, 사금이 되어 가라앉은 옛 기억들을, 알알이 체로 받쳐 곱게 걸러 볼까. 미처 네게 보내지 못한 나의 편지들을 종이학으로 접어 네게 날려보내면, 너와 나의 하늘을 가로질러 하얀 구름처럼 날아갈 내 상념의 여운, 너의 산과 강을 타고 흐를 내 가냘픈 언어의 메아리를.

그러다가, 다시 너를 보내야 할 시간이 되면, 또 다시 멀어져 갈 너의 뒷모습 ……. 길게 드리운 네 그림자를 안고 돌아서면, 아직도 내 눈망울에 머물고 있을 너의 잔상…… 꼭꼭 접어 내 가슴에 묻으면, 아직은 남아 있을 너의 온기가 내 시린 가슴을 따뜻하게 녹여 줄까.

나도 나비가 되고 싶어

– 나방의 노래

처음엔 나도 나비가 될 줄만 알았습니다. 그런데 너무 눈부신 당신의 모습에 나는 그만 반쯤 눈이 멀어, 대신 나방이 되었습니다. 나비가 당신의 환한 빛을 등에 업고 꽃밭을 날아다니는 동안, 나는 그늘에 숨어서 어서 밤이 오기만을 기다렸습니다. 점점이 밤을 밝혀주는 불빛들이 당신일 것만 같아 반가이 날아들었지만, 역시 당신은 아니었습니다. 언젠간, 타오르는 촛불엔 왼쪽 날개를 데이고 말았습니다. 나비가 날아다니는 한낮 동안 나는 또 나비가 되는 꿈을 꾸며 잠을 설칠 것이고, 이 힘겨운 불망의 업을 어서 마칠 수 있는 그날이 오기를 기다리면서 밤마다 불안한 곡예를 계속할 것입니다.

반역의 이유

당신을 너무 사랑했습니다. 그래서 샘이 났습니다. 당신이, 내가 아닌 다른 피조물들을 나보다 더 사랑하는 것 같아서 견딜 수 없었습니다. 당신의 아들도, 당신을 경배하는 다른 천사들도, 당신께서 지으신 사람들까지도, 모두 내 질투를 불러일으켰습니다. 당신의 사랑을 독차지하지 못한 나는, 자살을 꿈꾸었습니다. 까맣게 잊고 있었습니다. 천사들은 스스로 목숨을 끊을 수 없다는 사실을. 그래서 어쩌면 인간들은 천사들보다 더 많은 자유를 누리고 있는지도 모릅니다. 하지만 내가 인간처럼 자살할 수 있었다고 해도 나는 아마 자살할 수 없었을 것입니다. 당신은, 내가 사라져도 여전히 내가 아닌 다른 피조물들을 사랑할 것이기 때문이었습니다. 내가 받던 사랑마저 그들의 차지가 될 것이 분명하였기 때문이었습니다. 그래서 나는 반역을 결심했습니다. 내가 당신처럼 되면, 당신도 어쩔 수 없이, 지금의 내가 당신만을 사랑하는 것처럼, 나만을 사랑하게 되리라. 그리고 마침내 당신마저도 당신의 전부와 당신의 사랑마저도 모두 나 혼자만의 것이 되리라.

당신을 독점하고픈 오직 그 이유에서, 난 당신을 반역했던 것입니다. 왜 나를 천사로 지으셨습니까? 차라리 내가 인간이었더라면, 그래서 당신의 모습을 가까이서 볼 수 없었더라면, 나는 더 행복했을 것입니다. 차라리 당신을 몰랐더라면 싶습니다.

제3부

믿음의 축복

은혜의 샘

내 마음 깊은 곳엔 은혜의 샘이 있어.
잔잔히 찰랑이는 은혜의 물결, 그 찰박거림을 알아?
기나긴 기다림, 잠 못 이루는 설렘 뒤에
밀물처럼 차오르는 이 충만한 기쁨을.

눈을 감아도 볼 수가 있어.
가만가만 비추시는 그분의 모습,
늘 내 곁에 서 계시는 그분의 그림자를.

내 맑은 샘물 위에 그분의 고운 모습을 담으면,
은가루로 반짝일 내 은총의 물결,
그분의 사랑이 눈이 부셔.

귀를 닫아도 들을 수 있어.
내 심연에서 동그란 물무늬로 잦아드는
그분의 목소리, 그 나지막한 말씀의 속삭임은.

내 영혼의 맷돌을 갈아 진국처럼 넘쳐 오르는 감사로
보답을 할래.

그분의 사랑, 그 황홀함에.

나를 비우시고 또 이내 채워주시는
그분의 섭리를 왜 진작 깨닫지 못하였을까.

주님의 샘터에서

주님의 샘터에 앉아서 사랑의 시를 써. 그분의 샘물은 아무리 퍼내어도 마르지 않아. 항아리로 담뿍 퍼서 이웃에게 나누어 주어도 없어지지 않아. 나누면 오히려 몇 배로 불려 다시 되돌려 주시는 걸. 그 오묘한 주님의 방정식은 샘물 맛을 본 사람만이 이해할 수가 있어. 나 기꺼이 조그만 두레박이 되어 그분의 샘물을 길어 올릴래. 내 작은 두레박이 넘치도록 한껏 퍼서 올릴래. 나를 비우시고 또 채워주시니 그분의 은혜에 감사할 뿐이야.

몽당연필

교실 바닥에 떨어져 있는 몽당연필을 주웠어. 중간이 밟혀서 부러졌는지 속살까지 훤히 들여다보여. 그래도 쓸 수 있는걸. 연필심이 다 닳을 때까지 나는 쓸 테야, 아니 쓰일 테야. 연필은 깎여야 그 심으로 글을 쓸 수 있지 않니. 나도 내 스스로 나를 깎아서 주님을 찬양하는 글을 쓰며 살래. 내 남은 나날들을 그분을 찬송하는 시를 쓰며 살 거야. 너무나 감사해서 눈물이 고여. 다시 내게 그 귀한 시어(詩語)들을 허락하심이 너무 기뻐서, 난 그만 울어버리고 말아. 그렁그렁한 내 눈물이 바짝 말랐던 내 시심(詩心)을 방울방울 적셔 주고 있어. 내 어릴 적 할머니의 기도와 할아버지의 찬송이 결코 헛되지 않음이야. 조금씩, 아주 조금씩, 내 믿음의 싹이 다시 움트고 있음이야. 십 년이 넘는 긴 가뭄에 말라 죽은 줄만 알았던 내 신앙의 꽃을 다시 피우려 하심이야. 평생 주님을 사모하던 내 아버지의 소망을 곧 이루려 하심이야. 나는 너무 행복해서 또 울어버려.

주님의 말씀

안으로
안으로
고이시는
주님의 말씀

말씀 한 마디 한 마디가
눈물방울처럼 고여 와

그 귀한 말씀이
은혜의 빗방울이 되어
내 영혼을 촉촉이 적시고 가지

태초로부터 계셔온
그 고귀한 말씀을
왜 미리 귀담아 듣지 아니하였을까

기도(祈禱)

저 높은 곳에서
나를 찾는 소리

내 깊은 심연(深淵)에서
당신을 부르는 소리

내 휘청이는 영혼(靈魂)이
먼 시공(時空)을 가로질러
영원(永遠)으로 향하는 순간

당신과 내가
하나가 되는 순간

기도시

길을 열어주십시오

내가 걸어온 길

내가 가야 할 길

나의 길을 아는 이여

모든 것을 아는 이여

길을 열어주십시오

나를 비우시고 또 채워주시니

은혜로운 아침

가슴 깊은 곳에서
말갛게 고여 오르는
성령의 샘물

말씀하소서

나 홀로
가만히 귀를 기울이면
당신의 음성을 들을 수 있네

내가 비우면 곧 다시 채워주시는
당신의 섭리

나를 비울수록
충만해지네

감사의 노래

지난 한 해도 감사
다가오는 한 해도 감사

나를 비우시고
또 채워주시니
감사

감사
감사
또
감사

당신이 있기에

당신이 있기에
나 외롭지 않네

날 사랑하는
당신이 있기에

날 기다리는
당신이 있기에

나 외롭지 않네

옛날 옛적에도

풀 냄새 싱그러운 풀밭으로 가자
가슴 깊은 곳에서
심호흡처럼 울려나오는
시의 운율을 들을 수 있는가

먼 하늘가
무지개로 번져오는
나의 꿈

나의 시는
태초 이전부터
있었던
당신과의 약속
―사랑

옛날 옛적에도
나는
여전히
가난한 시인

시 쓰는 밤에

어느 외로운 시인의 습작 노트 여백마다
촘촘히 숨어 있는 낱말들은
공들여 한 땀 한 땀 박아 놓은 별 무늬 하나.

헝클어진 상념의 실타래,
올올이 풀어내어 꽃물을 들이면,
남아 있는 언어들이 고운 색실로 살아와 수를 놓는 밤.

오늘 밤엔 누구의 하늘에 빛나는 별로 떠올라,
잠 못 이루는 어린 소녀 하나
끝없는 구도의 길로 이끌려 하나.

밤엔

공연이 끝나면
천천히 내려오는
무대의 막처럼

당신의 깊은 눈동자 같은
땅거미가
가만가만 내려와
온 세상을 포근히 덮어버리는 밤

밤엔 아무도 드러나지 않아
모두 다 똑같이
당신의 옷자락 속으로
꼭꼭 숨어버리는걸

그러다
곤한 눈꺼풀을 마주 붙이고
하냥 죽는 연습을 하다가

당신이 나래를 펴는

이른 새벽이면
무덤을 열고 나온 당신처럼
긴 잠에서 깨어나
눈을 부비며 기지개를 켜지

당신의 품안에서
고요히 침잠할 수 있는
아늑한 밤의 안식

그래서 나는
밤이 좋아

예수님 소개서

예수님이 누구시냐면
우리와 늘 더불어 사시는 분이에요
우리의 가는 길을 지켜주시고
우리가 힘들어할 때 우릴 위해 기도해 주시는 분이죠
우리를 자유케 하는 진리의 참 빛이 되시는 분,
우리에게 은혜와 평안을 주시는 분이죠

예수님이 누구시냐면
이천 년 전에
가장 작은 모습으로 오셔서
섬기시고 또 먹히우신 분이죠
우릴 위해 대신 십자가에 달리실 만큼
우릴 사랑하시는 분이죠

예수님이 누구시냐면
하나님 안에 예수님이 계시고
하나님께서 예수님 안에 계시듯,
우리를 예수님 안에 품어 주시고
또 우리 안에 친히 거하시는 분이죠

우리로 하여금
부활의 소망을 갖게 하시는 고마운 분이죠
우리에게
영생의 길을 가르쳐 주시는 참된 분이죠

어린 아이들처럼

— 여름 성경 학교에서

하늘에 계신 우리 아버지—
조그마한 입술을 달싹여
당신을 부르는 소리

낮추고 굽혀서
귀 기울여 들어야 하는
작은 종알거림

어느새
알아들으시고
가슴으로 전해오는
귀에 익은 목소리, 당신

아이들의 환한 얼굴은
천상의 밝은 빛

아이들의 힘찬 찬양은
천사의 날개를 타고

날아오르는데

이렇게
어린 마음으로
평생을 살게 하소서

Just Like Little Children

"Our Father in heaven,"
Can You hear the small little voices calling upon You?
Can You hear the tiny little whispers waiting to
be heard?

Of course, You can hear them
And they can hear You, too
Your familiar voice ...

Can You see the children's heavenly, beaming
faces?
Can You hear the children's praises riding up on
the angels' wings?

Can You help me be just like a little child?

예수님 한 분만으로도

눈을 감으면 보이시는 분
당신 한 분만으로도
살아갈 수 있는데

내가 부르기도 전에
나를 찾으시는 분
당신 한 분만으로도
살아갈 수 있는데

혼자서 눈물 흘릴 때
날 위해 기도해 주시는 분
당신 한 분만으로도
살아갈 수 있는데

무거운 짐 지고 갈 때
내 짐을 도맡아 주시는 분
당신 한 분만으로도
살아갈 수 있는데

내가 지쳐 쓰러질 때
날 일으켜 세우시는 분
당신 한 분만으로도
살아갈 수 있는데

내가 힘들어할 때
넌 할 수 있다
말씀해 주시는 분
당신 한 분만으로도
살아갈 수 있는데

예수님 한 분만으로도
예수님 한 분만으로도
살아갈 수 있는데

제4부

소망의 노래

누구를 위하여
For Whom?
당신의 별을 위하여 - 성탄절에 바치는 기도
For Your Star
아기 예수께
안나의 노래
나사로의 노래
종려나무의 노래
막달라 마리아의 노래
길
당신께서 아니 계시면
당신의 나라
여기에 그가 계시네
빈 마음으로
헌신의 서(序)
그날이 오면 - 소망의 노래

누구를 위하여

누구를 위하여
그렇게도 먼 길을 오셨습니까
가장 작은 모습으로
말구유에 누이셨으니

누구를 위하여
그렇게도 힘든 길을 가셨습니까
가장 낮은 모습으로
강도 옆에 달리셨으니

누구를 위하여
그리도 외로운 길을 가셨습니까
약하고 병든 사람들
죄에 눌린 사람들을
섬기러 오셨으니

누구를 위하여
다시 이 세상에 오시렵니까

For Whom?

For whom did you come, from so far away?
Lying in the manger as an infant, smallest human being

For whom did you live such a lowly and humble life?
Serving the weak and the sick; and the people suffering

For whom did you face such a harsh and terrible death?
Hanging on the Cross next to sinners dying

For whom are you coming back for the second time?

당신의 별을 위하여

– 성탄절에 바치는 기도

잠시 구름에 가려서 보이지 아니한다 할지라도
저의 밤하늘엔 언제나 당신의 별이 빛나고 있음을
절대로 잊지 않게 해 주십시오

제게 당신의 별을 찾을 수 있는 지혜를 주시고
그 별을 바라볼 수 있는 두 눈을 주시고
그 별을 따라 당신께로 갈 수 있는 두 다리를 주십시오

때로는 제 마음이 어둡고 캄캄할지라도
이 천 년 전 밤하늘을 밝히던 그 큰 빛을
제 마음 속에 다시 한 번 비추어 주십시오

아, 당신의 큰 별을 다시 한 번 보게 해 주십시오
그 별을 따라 땅끝까지라도 가겠습니다
그 별이 머무는 곳에 계시올 당신

제가 가진 것이라고는 당신을 사랑하는 이 마음뿐이오나
제게 있는 것이라고는 당신을 기다리는 그리움뿐이오나
다시 오신다던 당신께 제가 가진 모든 것을 드리옵니다

For Your Star

Even though the dark clouds hide Your star at night
Don't let me forget it is shining bright in the sky above
Grant me the wisdom and vision to find the star
Grant me the strength to continue my journey

Let the star shine in the darkness once again
As it did in that faraway land two thousand years ago

Let me follow the star so that I may find You
as You will be where Your star shines bright

I have nothing but my heart loving You
I have nothing but my soul longing for You
I will be waiting, Lord, for You.

아기 예수께

내 무엇을 가지고
아기 예수께로 나아갈까

내 무슨 선물로
아기 예수를 기쁘게 할까

내 무슨 노래를
아기 예수께 불러드릴까

내 어떤 모습으로
아기 예수를 뵈어야 할까

내 어떤 정성으로
아기 예수를 맞아야 할까

내 어떤 마음으로
이 아기 예수를 전해야 할까

안나의 노래

내 한평생,
이 날만을
기다리며
살았습니다

귀하신
아기 예수
품에 안고

그의 앞날
축복하오니

나는 이제 죽어도
여한이 없습니다

이제
부르시오면
언제라도 기쁘게
가겠습니다

나사로의 노래

어디에 계시다가
이제야 오셨습니까

당신을 몰랐던 나날들,
그저 흘러가 버린 내 젊음이
아쉬울 뿐입니다

당신 덕에
다시 사는 목숨이외다

지금은 어느 하늘 아래
죽어 가는 영혼 하나
되살리고 계십니까

종려나무의 노래

내 가냘픈 잎새를 땅 위에 뉘여
그대 가는 길을 축복하리다
내 가느다란 손을 높이 들고
그대 귀한 이름을 찬양하리다

호산나
나의 왕이여
무너진 성전을 다시 세울 이여

내가 아직 이리도 푸름은
다시 오실 당신을
기다리는 까닭입니다

막달라 마리아의 노래

십자가에 달리셨던
그 날 밤의
아픔을
다시는 되풀이하고 싶지 않습니다

당신이 아니 계시던
사흘 동안
당신을 몰랐던
이전의 삶보다
더욱 힘들었기에

그 날 새벽
당신의 모습 다시 뵈었을 때
넘쳐오던
그 기쁨이여

라보니,
나의 선생이여
나의 이름을 아시는 이여

나를 온전케 하신 나의 은인이여

나의 어두움을
환히 밝혀주신 나의 님이여
이 세상의 어두움도
그렇게 밝혀주실
나의 왕이여

다시 오시겠다는
당신의 말씀,
그 약속을 기다리며
한평생을 살았습니다

어서 오십시오

길

찾지 않아도 내 앞에 다가와 열림. 마치 예전부터 날 기다리고 있었다는 듯이 내 앞에 놓임. 조금은 떨리는 가슴으로 첫발을 떼어놓음. 과연 이 길을 끝까지 잘 갈 수 있을까 싶은 두려움과 이 길이 다하는 곳에 과연 무엇이 날 기다리고 있을까 하는 기대감이 겹쳐옴. 이 길을 가는 동안 누구를 만나게 될까, 무엇을 하게 될까 싶은 궁금증과 함께.

내게 주신 이 길은 발걸음을 떼어놓을 때마다 뽀얀 먼지가 이는, 비포장 도로임. 군데군데 삐죽삐죽한 돌부리들이 보임. 조금만 걸어도 금세 발이 아파옴. 어쩌다 한 번씩은 그냥 주저앉고 싶을 때도 있음.

그래도 내가 길지 않은 나의 여정을 계속할 수 있는 것은, 군데군데 심어놓은 나무들의 노래를 들으며 그 그늘에서 쉬어갈 수 있기 때문. 푸른 하늘빛으로 눈을 씻으면 멀리 있는 목적지까지도 바라볼 수 있기 때문. 목이 마르다 싶으면 어느새 아시고 은혜의 빗방울로 적셔 주시기 때문.

걷는다, 걸어야지, 걸어가야지.

당신께서 아니 계시면

일러 주지 않으셔도
다 알고 있습니다
당신께서 아니 계시면
아무것도 할 수 없음을

제가 지고 가는 짐들이 너무 무거워서
그만 팽개치고 달아나 버리고 싶을 때도 많지만
당신께서 거들어 주시는 까닭에
길지 않은 여정을 계속할 수 있습니다

내리 쉬는 한숨이 안개처럼 깔려와서
제 시야를 흐리게 할 때도 많지만
당신께서 내미신 손을 잡으면
보이지 않는 길도 쉬이 갈 수 있습니다

너무 지쳐 고단할 땐
당신의 어깨에 헝클어진 머리를 기대고
깊은 잠이 듭니다
그러면서 나는 꿈을 꿉니다
이 곤고한 길을 마치게 되는 그 날을

당신의 나라

듣고 계십니까
당신의 이름을 부르며 기도하는 이들을

보고 계십니까
당신께서 오시기를 기다리는 사람들을

내리소서, 당신
내 영을 들어 당신의 나라로 오르게 하소서

당신께서 다스리는 나라,
그 나라가 당신 안에 있음을
내가 이미 알고 있사오니

내 눈을 밝혀
그 나라의 비밀을 알게 하소서

내 귀를 열어
당신의 말씀을 듣게 하소서

내 입을 벌려
그 나라의 복음을 전하게 하소서

여기에 그가 계시네

내가 보지 못하여도
여기에 그가 계시네

내가 알지 못하여도
여기에 그가 계시네

아무도 보지 않는 곳에
아무도 찾지 않는 곳에
그가 계시네

내가 울고 있는 곳에
내가 홀로 있는 곳에
그가 계시네

빈 마음으로

이제
아무것도 바라지 않음이야

그저
빈 마음으로 조용히 살고 싶음이야

이제
아무것도 지니지 않고

그저
호젓한 이 길을
나 홀로 걸어갈 뿐이야

이제
아무것도 뒤돌아보지 않고

내게 주신 이 길만을 따라
외로이 걸어갈 뿐이야

이제
아무것도 슬퍼하지 않음이야

그저
빈 마음으로 말없이 떠나고 싶음이야

이제
아무것도 아쉬워하지 않고

그저
가야 할 이 길을 나 홀로 걸어갈 뿐이야

이제
아무것도 뒤돌아보지 않고

내게 남겨진 이 길만을 따라
외로이 걸어갈 뿐이야

헌신(獻身)의 서(序)

누가 가르쳐 준 것도 아니었는데
아주 어릴 적부터
줄곧 해온 기도가 있었네

주여
나를 불러
당신의 도구로
써 주시옵소서

나도 내 것이 아니오니
나를 보내신 이도
나를 데려가실 이도
당신이어라

나이 서른
늦깎이로
다시 시작한
새로운 삶

당신을 닮아
공생(共生)의 길이
내 앞에 있음을 아네

당신께서
날 위해 준비하신
이 길을 다 가도록

흔들리지 않도록
이끌어 주시고
쓰러지지 않도록
붙잡아 주시옵소서

이 길이 다하는
그날이 오면

당신은
이 길의 맨 끝에 서서
햇빛 같은 얼굴로
날 맞아주시리니

그날이 오면

– 소망의 노래

당신께서 내게 허락하신
이 세상에서의 시간은
찰나

내 삶이 다하는
그날이 오면

내 생(生)의 맨 끝에 서서
날 기다리는
당신을 보게 되리라

날 맞아줄
당신의 모습,
아직은 아득히 외로운 등불로 비추어도

그날이 오면
눈이 부셔라

내 삶의 빗금들을
지나가는 빗줄기 속에 말끔히 씻어버리고
내 삶의 흔적들도
떠가는 흰구름 위로 훌훌 날려보내고
내 삶의 사연들도
날아가는 새들에게 훠이훠이 접어보내고

그날이 오면
나,
당신과 하나가 되어

한 줄기 환한 빛으로
하늘로 오르리라

영원히
당신과 함께하리라

제5부

내 살아갈 동안

물고기의 노래

– 행동반경 5마일

바쁘면 매일 가는 사무실에서 집까지는 딱 3마일
일주일에 두 번씩 나가는 학교까진 집에서 딱 2마일
사무실에서 학교까지도 딱 2마일

일요일마다 주일 예배 드리러 가는 교회랑
토요일마다 봉사하러 가는 한글학교는 4.5마일
금요일마다 찬양예배 가는 교회는 1.5마일

일주일에 한 번씩 가는 슈퍼마켓은 걸어가도 되는 1마일
바로 옆 동네 도서관은 화요일과 목요일 오후에만 문을 열지
슈퍼마켓 다음으로 자주 가는 문구점은 3.5마일
일주일에 한두 번 들리게 되는 시내 도서관은 4마일
이번 주엔 가서 릴케의 시집을 빌려 와야지

일 년에 두서너 번 가는 미장원은 1.5마일
일 년에 한두 번 가는 병원은 4마일
육 개월마다 가는 치과는 5마일

한 달에 한두 번쯤 가는 세미나는 전철로 30마일 쯤 될까
그래도 전철역까지는 북쪽 역까지는 2마일, 남쪽 역까지는 3.5마일

12년 된 4기통 중고차가 6만 마일도 채 되지 않은 걸 보면
나는 행동반경이 5마일도 안 되는 조그만 물고기
내 사는 호수가 작아도 전혀 답답하지 않은
작아서 더 정겹고 속속들이 친할 수 있으니
더욱 감사한 한 마리의 물고기

겨울비 오는 밤에

까만 밤하늘이
자줏빛 비구름 속으로
어느새 잠겨버리면

고만고만한 별들도
깊고 깊은 하늘 속으로
꼭꼭 숨어버리고

내일이면 떠오를
환한 무지개를
가슴에 품고
잠이 드는
물안개처럼

죽어지며
거듭나는
당신과 나의
곤한 삶이여

외로운
그리움이
물구나무 서는 밤

거꾸로 보아도
세상은 여전히
아름다운데

버드나무에게

하늘 한 자락
감아 내려서
그리도 푸르더냐

여름 한낮
하늬바람에도
가만가만
춤을 추는 너

아름드리
밑둥을 안고
나부끼는
소매자락

멀리 더 멀리
번지는 가락

너의 잎새를 타고
흐르는 나의 노래는

벽시계

흐르는 시간을 멈추려 함인가
벽시계는 가던 길을 멈추고
가만히 외벽을 응시하며 서 있지

태엽 사이로
태고부터 쌓인 먼지가 보이는데

시간

누군가를 항상
기다리며 살았지

까치발을 하고
넘겨다본
내일

그리움이 없으면
한 편의 시도 쓰지 못하리

네가 있음에
나 외롭지 않으나

그리워
그리워
네가 그립다

고독

고독의 깊은 저 쪽까지 이르러 본 일이 있습니까
아무것도 존재하지 않는 무심(無心)의 경지
빛과 어둠은 결국 하나라는 진리에 이르게 되는

안팎이 다른 옷자락같이
결국은 끊임없이 이어지는
하나

그 끝에서
차라리 나의 언어를 잊어버리겠습니다.
하고 많은 사념의 날개 자락마저도 그저 접어두겠습니다.

숲 속에서

멀리 있던 산이
갑자기 다가와
우뚝 서는 날

저기 저만큼
굴러다니는
풋사과 빛 열매들의
자잘한 웃음소리

밑동이 저만치 잘려 나간
아름드리 통나무에 걸터앉아

반쯤은 죽어 있는 기울어진 노송
그러나 아직 푸르다 그 안에 담겨 있는 하늘은

솔잎 사이 숨어 있는 솔방울들의
옛이야기도 도란도란 들려오는데

그 속에서 간간이 불어오는
미풍의 끝은 어디쯤일까

In the Forest

This is the day when
a mountain suddenly
came upon me and stands before me

I can hear tiny berries and
not-yet-ripened small fruits
with greenish faces
rolling and giggling on the ground

I sat on the tree stump
next to a big log
looking at an old pine tree
that was dead half way

But I know
the sky that the tree is embracing
is still bright and blue

I can hear the whispers of pine cones
bashfully hidden behind pine needles

Where is the beginning of the gentle breeze
blowing in between those leaves?

낙화(落花)

한 겹
두 겹
옷을 벗어 내리듯

겹겹이
쌓인
삶의 해탈

흙에서 태어나
흙으로 돌아가야 하는
너와 나의 업보

아직은 따스한
너의 꽃술에

식어가는
나의 입술을 댄다

영원(永遠)의 순간에서

봐라,
낙엽이 삭아서 묻힌
흙의 힘으로
새순이 자라지 않니

떨어진 이파리가
다시
새 잎으로 피어나는
생명의 섭리를 아니

삶과 죽음,
죽음과 삶이
하나의 끈으로 이어지는
고달픈
생명의 윤회(輪廻),

옛날과
지금과
앞날이

끊임없는
원(圓)으로 이어지네

당신과 난
과거와
현재와
미래가
공존하는

원심(圓心)에 서서
하나의 점(點)으로 만나지

새벽을 기다리며

내 작은 가슴에
북을 울려라

먼동 터오는 들녘

교외를 달려 도시로 향하는
선잠 깬 통근 열차

새벽을 기다리는 자의
외로운 아침

내 작은 가슴에
북을 울려라

새벽의 꿈

그대
푸른 새벽으로 오라

아직 동도 트지 않은
깜깜한 이때,
내 꿈을 가로질러
푸른 새벽으로 오라

이루지 못한 작은 꿈들이
승천하여 별이 되어
그래서 밤마다
그리도 찬란한 빛을 내는가

동이 터오면
곧 숨어버릴 별들 속에
내 꿈도 꼭꼭 묻고
나는 기다리노라

그대가 올
푸른 새벽을

모닝커피

커피를 마신다
씁쓸한 이방(異邦)의 액체가 흘러 들어와
풀잎처럼 누워 있는
신경의 작은 촉수들을
하나씩 일으켜 세운다

한 모금씩 마실 때마다
신경 마디에서 흘러나오는
세포들의 긴 하품 소리

오늘도 네 힘을 빌어
하루를 시작하게 되는구나

식어버린 커피는
아무도 원하지 않아

찻잔을 말끔히 비우고
또 다시 맞이하는
도시의 아침

통근 열차에서

아직 동이 트지 않은
여명
통근 열차 안에서
아침을 맞는 사람들

도심으로 향하는
통근 열차 안에서
떠오르는 해를 본다

차창으로
선잠 깬 나무들이 지나가고
어둠의 베일을 막 벗기 시작한 건물들이 지나가고

말소리 하나 들리지 않고
신문지 들추는 소리
책장 넘기는 소리

하루를 앞둔
모습들을 본다

반복되는 일상의
무표정한 얼굴들을 본다

석류

네 뺨을 붉게 물들이던
황홀한 입맞춤
그렇게도 찬란하던
너의 봄

사랑의 결정(結晶)들이
방울방울 영글어
네 안에서 태동(胎動)하던
너의 여름

알알이 영롱한
고운 핏덩이들을
가지런히 해산(解産)하던
너의 가을

또 다시 맞을
봄을 꿈꾸며
나목(裸木)으로 동면(冬眠)하는
너의 겨울

자두

꿈결 아지랑이처럼
너를 향해 피어올라
봄바람에 흩어지던
첫사랑의 하얀 숨결

가슴 하나 가득
너를 품고 싶어
가지마다 아롱지던
연두빛 풋사랑의
작은 망울들이

한여름 내내
너를 향해
핏빛으로 여물던
선연한 그리움

제6부

기도시

경건의 시간
교회를 위한 기도
아들아, 너는
새해를 위한 기도
아가를 위한 기도
하나의 영혼을 위하여
For a Lost Soul
너를 위하여 - 아버지의 노래
소천제(召天祭)
목자를 위한 기도시
하나의 현(絃)을 위하여
그대에게 - 룻의 노래
라헬의 노래
용서

경건의 시간

– QT를 위한 시

매순간 소리없이 오시는 이여
매순간 나를 새롭게 하소서

나지막이 들리는 그대 목소리
샘솟듯 차오르는 사랑과 평화

내가 미처 묻기도 전에
내게 필요한 것을 아시는 이여

어서 오시옵소서

오셔서 내 두 눈을 열어 주시고
오셔서 내 마음도 열어 주소서

그리하여
미처 보지 못하던 것을 보게 하시고
아직 알지 못하던 것을 알게 하소서

아멘

교회를 위한 기도

주님, 저희가 지금 여기에 있습니다
창세 전 이 곳에 세우신 당신의 교회
당신의 핏값으로 사신 이 교회
당신의 몸된 이 교회를 저희에게 허락하심을 감사드리며

흔들림 없는 믿음으로 말씀을 배우게 하시고
변함없는 소망으로 천국을 바라게 하시고
아낌없는 사랑으로 서로를 섬기게 하심을
감사드립니다

한결같은 은혜와 충만한 성령으로
진리의 성경 말씀과 서로를 위한 기도로
크고 작은 감사와 넘치는 기쁨으로
이 교회를 채워 주심을 감사드립니다

성도 한 사람 한 사람마다 같이하셔서
한 줄기 환한 빛처럼 어두운 이 세상을 밝히게 하시고
꼭 필요한 소금처럼 이 세상에 없어서는 안 될 사람이 되게 하소서

지금까지 인도해 주심을 감사드리며
임마누엘
앞으로도 같이해 주시기만을 기도합니다

아멘

아들아, 너는

아들아, 너는
사무엘처럼 하나님의 목소리를 들을 줄 알고
기드온처럼 신중하고 겸손하며 늘 승리하여라.
다윗처럼 용감하고 하나님의 마음에 합하며
솔로몬처럼 지혜롭고 화평과 부요를 누리며
보아스처럼 자애롭고 베풀 줄 아는 사람이 되어라.

아들아, 너는
노아처럼 순종할 줄 알고, 온 식구와 함께 구원을 받으며
에녹처럼 하나님과 늘 동행하며
다니엘처럼 총명하고 민첩하며 하나님께 충성하고
요셉처럼 꿈과 사명을 가지고 늘 형통하며
여호수아처럼 강하고 담대하며 큰 기업을 얻거라.

아들아, 너는
베드로와 같은 열정으로 하나님을 전파하며
바울처럼 하나님 한 분만을 사랑하며
사도 요한처럼 사랑과 은혜가 넘치는 사람이 되어라.

아들아, 너는
부디 하나님께서 크게 쓰시는
귀한 사람이 되어라.
너를 허락하신 하나님께 감사하며
엄마 아빠는 오늘도 기도한단다.

— 우리 아들 여호수아가 태어나고 나서 꼭 일주일 후에 나의 오랜 친구인 시인 목사님, 백승철 목사님께서 심방 오셔서 우리 여호수아를 위해 축복기도를 해 주셨다. 받아쓸 경황이 없어서 정확한 기억을 할 수는 없지만 대강 위의 내용이었던 것 같다. 그런데 지금도 잊히지 않는 것은, 목사님께서 기도해 주신 그 다음 날부터, 내가 자리에서 일어나서 사무실 일과 집안일을 할 수 있을 정도로 정말 건강이 많이 회복이 되었다는 사실이다. 나이 마흔에 제왕절개를 하고도 다른 산모들처럼 산후조리를 해 줄 사람도 없었고, 또 산후조리 한다고 누워 있을 형편도 못 되었기에 걱정이 많았는데, 쓸데없이 공연한 걱정만 했다는…….

새해를 위한 기도

하루하루
새로운 마음으로
새 날을 맞게 하소서

당신 안에서
거듭나는 아침

은혜와 성령으로
채워 주셔서

감사와 기쁨으로
충만한 하루

당신의 말씀대로
사랑을 전하는

복된 하루하루가
되게 하소서

아가를 위한 기도

예수님의 은혜
아가의 앞날을
축복하여 주소서

사랑의 첫 열매
소중한 믿음의 씨앗이오니
귀한 말씀의 등불로 밝혀주시고
아기 천사의 고운 날개로 감싸주셔서

한평생
예수님을 찬양하다가

먼 훗날
주님께 큰 영광을 돌릴 수 있도록
크신 은혜로 축복하여 주소서

늘 사랑하여 주소서

하나의 영혼을 위하여

당신께서 내게 허락하신 이 땅의 삶은 찰나

내 살아가는 동안
아직 당신을 알지 못하는
가여운 영혼 하나
당신 앞으로 인도할 수 있다면

당신께서 보여주신 완전한 사랑
당신 한 분의 희생으로 말미암은 온전한 평화
당신으로 말미암은 감사와 기쁨
당신 안에서 같이 나눌 수 있다면

지난날의 모든 잘못
당신 안에서 사함 받고
상처로 멍든 가슴
당신 안에서 나음 받고

근심으로 얼룩진 나날들
당신 안에서 기쁨을 찾고

힘들고 고달픈 삶의 여정
당신 안에서 새 힘을 얻고

눈물 없는 천국에 같이 갈 수 있다면
당신께서 예비하신 새 하늘과 새 땅에서
당신과 함께 영원히 거할 수 있다면
당신과 함께 영원히 살 수만 있다면

For a Lost Soul

How long is the lifespan granted for me?
How many are the lost souls entrusted to me?

Only if I can help a lost soul to find the way, the truth and the life in You
Only if I can show him the divine love in You
Only if I can help him feel peace and joy in You
Only if I can share all the good things in You

So that he can find forgiveness for all the hates and wrongs
So that he can find healing from all the pains and sufferings
So that he can find comfort from his worry
So that he can find strength for his journey

So that we can shine the light from above
So that we can go to Heaven together
So that we can live in the mansion above
So that we can be with You forever and ever

How long?
and
How many?

How short!
and
So many!

너를 위하여

– 아버지의 노래

네가 태어났을 때
내 얼마나 기뻤는지

날 꼭 빼어 닮은 네 미소에
내 얼마나 행복했는지

네가 웃을 때면 나도 웃었고
네가 울 때면 나도 울었지

네 몸과 맘이 아플 때
내 눈물로 밤새워 기도하였고

너 하나 다시 돌아오기를
내 밤낮으로 기다렸거니
하루를 천 년같이 기다렸거니

저기 저 멀리서
나를 향해 다가오는

잊지 못할 너의 모습

너 하나
내 품에 다시 안고
얼마나 기쁘고 감사한지

나의 소생인 네가
얼마나 어여쁘고 소중한지

난
언제나
널

이렇게

기다려
왔단다

소천제(召天祭)

이제
훨훨 날아오르소서

육신의 고통
훌훌 던져 버리시고

맑고 밝은 천국으로
올라가소서

여기 남은 이들이
그리우시거든

어느 가을 날
푸른 하늘빛으로
살아오소서

이 땅에 남은 우리,

오늘 흘리는

우리의 눈물들이

무지갯빛으로
다시 살아올 그 날을
기다리며 살아가게 하소서

목자를 위한 기도시

– 하나님께서 세우신 교회의 목사님들과 선교사님들을 위하여

하나님 아버지
기름 부어 세우신
당신의 종을 기억하사 축복하소서

묵은 밭을 기경하여
당신의 천국 곳간에
알곡을 거둬들일
당신의 충성된 일꾼을 기억하사 후대하소서

당신의 사랑하는 일꾼들을
건강으로 지켜주시고

엘리야의 뒤를 이은 엘리사처럼
갑절의 영감과
갑절의 사랑과
갑절의 능력 주시고

당신께서 당겨 놓은

성령의 불씨 하나로
어두운 이웃을 환히 밝히는
한 자루 촛불이 되게 하시고

날마다 바치는 기도의 향불과
전파하는 진리의 말씀으로
우리 삶의 등대를 삼게 하시고

생명의 샘으로 양 떼를 인도하는
선한 목자가 되게 하소서

홍해를 가르던 모세에게 주셨던 소신과 권위, 영도력 주시고
가나안 산지를 점령하던 여호수아에게 주셨던 강함과 담대함, 통솔력 주시고
새벽을 깨우던 다윗처럼 감사와 기쁨으로
하나님을 주야로 찬양할 수 있는 시심과 영감 주시고
그 아들 솔로몬에게 주셨던 인생의 지혜와 분별력, 또 통찰력 주시고
다니엘에게 주셨던 기도와 예언의 은사 주시고
화목제가 되셨던 예수님처럼 온유하고 겸손한 모습으로
은혜와 성령으로 충만했던 바울을 닮아
혼신을 다해 하나님을 사랑하며

길 잃은 한 마리의 양을 구원하는 양의 문이 되게 하소서

그리하여
성도와 교회를 향하신
하나님의 크신 뜻과 꿈을 이룰 수 있도록
오직 성령으로 그의 가는 앞길을 축복하시고 인도하소서

맨 처음 양의 문으로 오신 예수님 이름으로 간구합니다

아멘

하나의 현(絃)을 위하여

세상 소음이 시끄러워도
그대
부디 맑은 음(音)을 내는
가는 현(絃) 하나로
남아 주십시오

가끔씩 옆 악기들의
불협화음에
팽팽해진 줄이 금세
끊어질 것 같이 아파와도
그대
부디 고운 현(絃) 하나로
그대로 남아 주십시오

행여 흐르는 긴 한숨에
줄이 느슨해져도
그대
결코 휘어지지 않는
곧은 현(絃) 하나로

남아 주십시오

왜냐하면 그대
그대가 알지 못하는
이 순간에도
그대의 청아한 음률(音律)을
듣고 계시는 분이
있기 때문입니다

그대에게

– 룻의 노래

나는 외로운 이방의 여인
내 영혼의 어느 한구석에
이토록 사무치는 그리움이 있었을까

나의 이름을 아시는 이여
그대 맑은 목소리로 내 이름을 불러주세요

나의 마음을 아시는 이여
그대 따뜻한 눈빛으로 내 마음을 열어주세요

나의 고독을 아시는 이여
그대 넉넉한 품으로 내 가슴을 안아주세요

당신의 고운 옷자락으로
내 시린 옷섶을 감싸주세요

당신의 포근한 날개 안에서
편히 쉴 수 있게 해 주세요

사랑하는 이여
나를 돌아보시고 내게 은혜를 베푸실 이여

나의 소원을 아시는 이여
그대 간절한 기도로 내 소원을 이뤄 주세요

라헬의 노래

아직도 선연하게 기억하고 있습니다.
우물가에서의 첫 만남을

나를 바라보던 당신의 진지하던 눈빛과
고운 뺨을 타고 흘러내리던 반가움의 눈물을
내 뺨을 스치던 살갑던 입맞춤을

나 하나만을 바라며
칠 년을 기다리고
칠 년을 더 기다리던
지극한 사랑 하나만으로
견뎌온 세월

당신을 알고 계십니까
그 긴 세월
속으로만 삭여온 나의 가슴앓이
행여 남이 들을세라
숨죽여 몰래 흐느끼던 내 외로운 눈물을

육신의 아비는 날 버릴지라도
결코 나를 버리시지 않는 나의 아버지

내 마음의 소원을 주셨으며
내 입술의 구함을 들어주시는
여호와 하나님, 나의 아버지

부디 저를 기억하사
저의 태를 열어주소서
저의 기도를 들으시고
그를 닮은 아이들을 내게도 주옵소서

그리하여
그들로 당신의 양을 치게 하옵소서
그들로 당신의 기업을 잇게 하옵소서

아멘

용서

당신께서 주신 가르침이
왜 이리도 행하기엔 힘이 듭니까

당신께서 보여주신 사랑으로
먼저 용서하게 해 주십시오

제7부

내 사랑하는 이들에게

아빠, 아버지

나를 가장 사랑해 주시던
내게 사랑을 가르쳐 주시던
소리 없이 조용히 기도하시던
내겐 가장 그리운 분

조건 없는 사랑을 보여 주신
보상 없는 베품을 보여 주신
하나님 아버지의 예표가 되어 주신
내겐 정녕 고마운 분

하늘을 향한 깊은 영성을
섬세한 감성과 영민한 지성을
언어를 아끼고 사랑하는 시심을
정감 넘치는 부드럽고 낭랑한 목소리를
내게 들려주시고 또 물려주신 분

내가 다시 태어나도
다시 이렇게 부르고 싶은 분

아빠, 아버지

아버지가 태어나신 지 꼭 여든 해가 되는 날에 써본다.

아버지의 환갑날

살아계셨으면
환갑이 되셨을 오늘

지금은 어디에서
무얼 하고 계시나

보고 싶은 우리 아빠

죄송해요, 아빠
불효한 큰딸은
성묘도 가지 못하고

대신
아버지의 영혼을 위해
두 손을 모읍니다.
이제 편히 쉬세요.

동생이 옆에 있어
외롭진 않으시죠?

전근 가실 때마다
작은딸부터 꼭 데려가시던 아버지였기에
작은딸만 일찍 하늘 나라로 부르셨겠지요.

저도 곧 따라갈 거예요, 아빠.
옛날에도 그랬듯이
곧 가게 되겠지요.

사랑해요, 아빠.

윤경이에게

꽃 한 송이
피지 않는
나의 화원에

너의 영혼은
하얀 나비가 되어
날고 있구나

나의 눈물이
詩가 되어

핏빛
그리움의
꽃을 피우면

너는
어느샌가 살아와
내 곁에 서 있구나

나의 사랑아

(최윤경 1970-1988)

제망매가(祭亡妹歌)

세월이 흘러도
옅어지지 않는

평생을 안고 살아야 하는
천형(天刑) 같은 그리움은

네가 내게 남겨준
애달픈 유산(遺産)

네가 남겨 놓은
작은 선인장 하나
내 가슴에 심고

나는 오늘도
미망(未忘)의 지병(持病)을 앓는다

나의 누이야

다시, 윤경이에게

우리 엄만 열여덟에 시집을 갔죠.
내 나이 열여덟엔 꿈만 꾸며 살았어요.

어느 날 인사도 없이 훌쩍 가버린
열여덟 살 내 동생을 가슴에 묻고

세월이 가면 잊히리니
세월이 가면 잊히리니

윤경이를 꼭 빼어 닮은
하나 사진 속에서
들려오는 윤경이의
나지막한 말소리
"언니, 이제 안녕."

씨익 웃으며 하는 말
"나, 그만 갈게."

그래, 윤경아, 이제 편히 가려무나

바보 같은 언니가 널 붙들고 있었구나
니도 내가 못 미더워 하니를 보낸 게지
널 떠나 보내는 데 아홉 해나 걸렸구나

네게 못다 준 사랑을 하나에게 주마
네게 못다 한 축복을 하나에게 하마

멀어져 가는 너의 뒷모습
여운처럼 들려오는 너의 발자국 소리는
네가 내게 늘 하던 작별 인사
"I love you more than you know. Tell Mom I love her, too."

하나는 친어머니의 아들, 오빠의 외동딸이다.
1997년에 처음 만났다. 그런데 하나는 우리 윤경이를 정말 많이 닮았다.

춘수의 봄

춘수야,
분홍빛 꽃 속같은
저녁 노을이
저녁 하늘을
포근히 덮어버릴 무렵이면

네가
하기 힘들어도 억지로
걸음마 연습을 하는 날엔
난 볼 수 있단다

네 등 뒤에서
십자가를 지고
갈보리 산으로 향하시는
예수님의 모습을.

어느새
저녁 하늘에
남보랏빛 과꽃물이

곱게 물들어갈 무렵이면
난 볼 수 있단다

한 걸음 한 걸음
힘겹게 떼어놓는
네 발사국 사이로
한 방울 한 방울씩 떨어지는
예수님의 피땀을.

그러면서 춘수야, 나는 기다린단다
네가 너의 튼튼한 두 다리로
씩씩하게 뜀박질하게 될
연둣빛 봄날을.

네가 그렇게도 타기 좋아하는
자동차를 네가 직접 몰고 다닐
화창한 봄날을.

네 굳은 혀가 풀려서
널 일으켜 세우실
예수님의 크신 능력을
네 입으로 증거할
너의 봄날을.

춘수는 사랑하는 이웃, 경희 언니의 외아들이다.

사랑

나도 모르는 새
내 안에서
뿌리를 내리고
싹을 틔우는 너

'너'와 '내'가 아닌
'우리'가 되어
그렇게 한평생
지내고 싶다

너는 나에게
나는 너에게
가장 소중한 사람으로
남고 싶다

너의 꽃망울을
피우기 위해

나는 오늘도
네 안에서
조금씩
죽어간다

우리 아가

우리 예쁜 아가는 얼굴이 동그랗다
앞머리도 동그랗고 뒷머리도 동그랗다

우리 예쁜 아가는
커다랗고 동그란 두 눈으로
동그랗게 펼쳐지는 세상을 보며
동그란 입술로 동그란 미소를 짓는다

우리 예쁜 아가는
조그마한 두 손을 동그랗게 쥐고서
동그란 소리로 동그란 옹알이를 한다

우리 예쁜 아가는
아침마다 동그란 기지개를 켜면서 일어나고
동그란 입을 벌려 동그란 하품을 한다

잠을 잘 때에도
포동포동 살이 쪄서 동그란 팔다리를
동그랗게 오므리고
밤마다 동그란 꿈을 꾸며 잔다

우리 아들 여호수아를 가졌을 때, 백도 복숭아를 아주 많이 먹었다. 남편이 근처 농장에 가서 한 상자 사오기도 했고, 아예 농장을 하시는 교회 집사님 댁에 부탁해서 백도 복숭아를 상자째 주문해서 먹었다. 그래서인지 몰라도, 갓난아기 때의 여호수아는 꼭 복숭아같이 생겼다. 복숭아처럼 불그스레한 갓난아기, 복숭아처럼 솜털이 보송보송 난 갓난아기.

아주 어릴 때, 아버지께서 들려주시던 옛날이야기, 복숭아 도령 —옛날 옛날에 아기가 없는 할머니와 할아버지가 있었단다. 하루는 할아버지가 산에 가서 아주 커다랗고 먹음직한 복숭아를 따 왔단다. 집에 와서 할머니와 함께 복숭아를 먹으려고 하는데, 글쎄, 그 안에 아주 잘 생긴 남자 아기가 있지 않았겠니.

우리 아들은 우리 아버지처럼, 정말 꽃미남이다. 그래서 조금 걱정스러운 나는 벌써부터 아들의 배우자를 위한 기도를 바친다. 아들아, 부디 너를 진정으로 사랑해 주고 또 아껴주는 현모양처를 만나거라. 반드시 믿음의 가정에서 자란 신실한 아내, 영육 간에 건강한 배우자를 만나거라.

Talk to Me

Talk to me, Sweetheart
Talk to me, my Son
Talk to me, please

Tell me what you need
Tell me what you think
Tell me how you feel

Talk to me, my sweet boy
Talk to me, Sweetheart

Dear Father in Heaven,

Please help my son, Joshie, talk to me soon.
You created him and gave him to us, Father.
You created his mouth, tongue and brain.
He is Your child, too, Father.

Please help him to talk, Father

Please help him to speak, Father
Please help him and guide him, Father

I pray in Jesus' name.

Amen

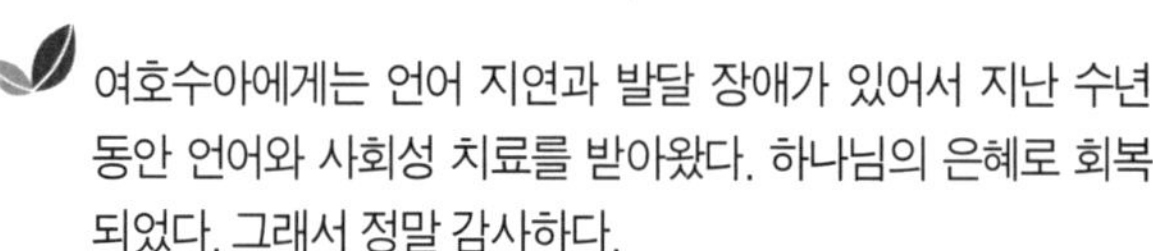

여호수아에게는 언어 지연과 발달 장애가 있어서 지난 수년 동안 언어와 사회성 치료를 받아왔다. 하나님의 은혜로 회복되었다. 그래서 정말 감사하다.

관심(혹은 사랑)

너를 바라보는 나의 눈길

너를 챙겨주는 나의 손길

너를 찾아가는 나의 발길

너를 생각하는 나의 마음길

제8부

그 이전의 고독(孤獨)

사랑하는 이를 기다리다

한평생

누군가를
기다리며
살지

어려서는
아버지를

커서는
연인을

늙어서는
아이들을

사랑하는 이를
기다리다

세월이 가네

편지

너에게 편지를 쓴다
친구도 연인도 아닌 너에게
편지를 쓴다

그리움의 자락들은
눈가의 잔주름 속에 접어두고

나누지 못한 이야기들은
희끗해진 머리카락 속에 묻어두고

이 밤을 밝혀
편지를 쓴다

먼 기억 속에
서 있는 너에게

산안개

산등성이에 머무는
뽀얀 안개는
누구의 한숨일까

산허리를 휘감아
촉촉이 밴 눈물에
흐려지는 눈시울

아스라한 유년의 추억도
안개처럼 스러져갈까

골짜기마다 서린
그리움의 흔적이
살 속 깊이 스며들어
뼈마디까지 시리게 하더니

산은
하얀 슬픔의 띠를
두르고
저 혼자
깊어만 간다

그리움

낡고 가느다란
새끼줄 하나를
붙잡고 살아왔지

안으로 안으로만 흘린
눈물 방울들이
긴 고드름이 되어
심장에 매달리고

내게 남은 것이라곤
비인 가슴

동그란
그리움 하나

슬픈 노래

세월이 지나면 다 괜찮아질 거야. 시간이 지나면, 더 나이를 먹으면, 모든 게 이해가 될 거야.
좀 더 따뜻한 시선으로 세상을 바라볼 수 있게 해 주십시오.
좀 더 넓은 마음으로 모든 걸 감싸 안을 수 있게 해 주십시오.
살다 보면 그럴 수도 있겠지 하면서, 마치 남의 일인 것처럼 가볍게 여길 수 있게 해 주십시오.

난 내 자신에게 이렇게 말하곤 했지. 이제는 다 잊어버렸다고, 다 지나갔으니까 괜찮다고,
다 툭툭 털어 버리고, 허허 웃고 살자고, 그래서 더 너털웃음을 웃는지도 몰라.

애써 묻어 두었던 지난날의 아픔이 칼날처럼 일어나 살아오는 날.
어린 날의 아픈 기억들, 그 파편이, 깨어진 유리 조각처럼 튀어와서 심장에 꽂히는 날.

여전히 시퍼런 내 슬픔의 빛깔,
세월이 지나도 녹이 슬거나 빛이 바래지 않는.

원죄(原罪)의 회상(回想)

천지가 창조되었을 때
나는 하나의 알이었다

날 잉태(孕胎)한
어미새는
미처 부화(孵化)가 끝나기도 전에
날아가 버리고
— 그녀 역시 부화가 덜 끝난 철새였기에

돌아갈 모태(母胎)가 없는 나는
밤마다 부화등을 켜고

깨어져 나간 껍질을 끌어 모아
안에서부터 붙여나가는
고된 작업을 계속한다

깃털이 성글어 날지 못하는
앙상한 날갯죽지를
내 빈약한 자궁 속에 접어 넣고

그 둥지 속에
동그란 알을 품는다

그러면서
나는
밤마다 부활(復活)을 꿈꾼다
비상(飛翔)을 꿈꾼다

옛 친구들에게

눈꽃 한 송이 내리지 않는
이곳 캘리포니아에서
벌써
열두 번째의 성탄과 새해를 맞고 있습니다

어느덧
이곳의 겨울 장마에도 익숙해져 있지만

어쩌다 가끔씩은
옛 생각에 젖어
보고 싶은 이름들을 불러봅니다

이제는 추억마저
먼 기억 속으로
눈꽃처럼 스며들어
엷어져 가는데

그리움만은
여전히
선연한 빛깔로 살아옵니다

바람은

바람이 인다

아득한 과거의 기억 속
밤하늘
별빛처럼 빛나던 작은 소망

저 혼자
타오르다
타오르다가

뼛가루마냥
하얗게
사위어

한 줌의 재로 남아
묻혀 있다가

차마
잠들지 못하고

소리 없이
휘도는
조용한 갈망

그 기나긴 여운

벌거숭이 임금님

하늘과 땅이 갈리던
태초에
나는 벌거숭이였다

그러나 커 가면서 알게 되었다
나 역시
가식과 허위로 수놓은 옷감을 두르고
허영으로 장식한 관을 쓰고 살아야 함을

언젠가는 다시 벌거숭이로
돌아가야 한다는 것을 잊고 살아야 함을

아무도 꽃들에게 옷을 입히려 들지 않는다
그들이 질식하여 시드리라는 것을 알기 때문에

아무도 새들에게 관을 씌우려 하지 않는다
그들이 비틀거리며 날지 못하리라는 것을 알기 때문에

너에게

깨어 있는 순간
잠들어 있는 순간에도
순간순간마다
널 기억하지

푸른 하늘을 보며
널 생각하지

넌 지금
어느
하늘 밑에
살고
있을까

지금은
누구와
사랑을
할까

너는
내 상념의 한 작은 조각으로 남아
저 푸른 하늘 위에 떠돈다

시간의 저쪽

네가 서 있는
시간의 저쪽

지금은 닿을 수 없지
내 아련한 너의 모습

먼 세월 속에
너를 묻고
다시 돌아서야 하는
외로운 나

이제는
다가갈 수 없는 너

네 사랑의 여운을
세월의 강에
띄워 보내고

나는 이제
네 그림자를 안고
돌아서야 하네

당신에게

당신이 내 가까이에 있음을 압니다

내 숨가쁜 상념을 뒤로 하고
시간의 멀고 먼 뒤안길에 남아 있는
내 외로운 당신의 그림자를 봅니다

이제는 찾을 수 없는 곳에
당신을 묻어 두고

나는
그 그리움으로

내 긴 기인 겨울을 버텼습니다

작품해설

끝없는 감사와 찬미로 일구는 시의 텃밭

by

SungChul Baek

끝없는 감사와 찬미로 일구는 시의 텃밭
— 최철미의 시

백 승 철
(시인 · 문학평론가 · 에피포도예술인협회 대표)

하여간 자신의 삶을 이야기한다는 것은 넉넉한 부요함이다. 그 이야기 속에 삶의 흔적이 묻어 있다. 모든 시인의 언어와 사상에는 진실성이 있어야 한다. 그 진실성이 간절함과 그리움으로 채색되어 시인의 작품을 읽는 독자들은 감동을 얻는다. 시인의 삶에 투영된 거울 앞에 객관적인 삶을 조명할 수 있기 때문이다. 그러나 최철미 시인은 지나온 과거에서 끌어올린 여러 단편 조각을 하나님 앞에 감사와 찬미로 빚고 있다. 한마디로 규명하자면 최철미 시인의 작품에는 끝없는 감사와 찬미로 시의 텃밭을 일구며 세상에 드러내는 메시지가 숨어 있다.

이미 발표된 시에서 시인이 걸어왔던 흔적을 더듬어 올라가는 일은 그렇게 단정한 시인의 작품을 이해할 수 있는 단서를 제공해 준다.

……

내 고통의 바다는
망각의 강보다
훨씬 깊고 넓었다
눈물샘이 갈라질 정도로
내겐 눈물 한 방울 남지 않았다

—〈해빙기〉 중에서

해빙기(解氷記)에서 시인은 아버지와 여동생을 잃은 슬픔을 말하고 있는데, 이것은 가족에 대한 지독한 사랑에 근거한다. 모든 것이 무너지고 없는 실존이다.

아버지와 동생은 시인을 지금까지 지켜 왔던 버팀목이었다. 얼마나 시인이 아버지를 통한 삶을 형상화하고 있는지를 다음 작품으로 이해할 수 있다.

……

아버지의 시는
항상 외로웠다
고독으로 한을 푸는
내 아버지의 시
……

아버지의 남은 한은
제가 시로 풀렵니다.

—〈아버지의 시〉 중에서

맺혀 있는 한의 감정이 시인의 작품 세계의 출발이다. 그 아픔의 현장에서 다시 발견하는 하나님의 은혜는 감당할 수 없는 삶의 소생이었다.

이제 시인의 작품에는 어디에도 부조리의 세계는 존재하지 않는다. 삶이 있는 글은 생명력이 있다. 소망의 넓은 바다이다. 필자는 시인의 작품에 가슴 아파하고 눈물도 흘리고 너무 깨끗한 정화의 작용을 가슴으로 읽는다.

당신께서 푸른 밤으로 오시면
나는 당신의 하늘을 수 놓을
별 빛 하나로 남겠습니다
……
당신께서 단비로 오시면
나는 당신의 촉촉한 대지 위에
내 소망의 어린 싹을 틔워……

—〈연시〉 중에서

아주 멀리서도
느낄 수 있는
주님의 은혜
그 그윽한 향기

—〈옥잠화〉 중에서

……
겨울날 흩날리는 하얀 눈송이는
당신이 나를 위해 바친 기도의 꽃가루
나는 나를 한 잎 한 잎
모두 벗어 버리고
천상으로 천상으로 향하는
내 작은 소망의 씨앗을 품네

—〈나무의 노래〉 중에서

나는 지금 여기 서서
당신이 오시기를 기다리는 신부예요
당신이 내게 주신 십자가를
어차피 지고 가야 한다면
이 세상 끝날까지
기쁜 마음으로
메고 갈 수 있게 해 주세요
……
이제

당신을 향한
그리움으로……

—〈신부의 노래〉 중에서

……
가슴에 차오르는
밀물 같은 그리움
……
당신의 사랑으로
내 아픔을 견디었네
내가 당신을 사랑하므로
이 슬픔도 기쁨이어라

—〈자화상〉 중에서

내가 당신을 떠나려 해도
당신은
내가 당신에게 곧 돌아오리라는 것을 압니다
……
왜 나를 사랑하느냐고
더 이상 묻지도 않으렵니다
……
한 편의 시로 접어
당신에게 띄웁니다

—〈고백〉 중에서

당신을 향한 나의 기도는
여름 밤 은하수같이
빛나는 별들이 되어
나의 하늘로 쏟아집니다

—〈사랑의 서〉 중에서

이번엔 시의 제목들만 나열하기로 한다. 〈은혜의 샘〉 〈주님의 샘터에서〉 〈주님의 말씀〉 〈기도〉 〈예수님 소개서〉 〈새벽을 기다리며〉 – 모두가 감출 수 없는 저녁 만찬이다. 주님, 은혜, 기도, 천상, 신부, 사랑, 말씀, 새벽…… 이상의 모든 시어는 기독교적이다.

모든 것을 비우고 나서야 비로소 말할 수 있는 내면 저 깊은 곳에서부터 우러나오는 감격과 감사의 시어들이다. 그래서 너무 뜨거움을 느낀다. 분출되어 올라오는 찬미의 세계이다.

대개 신앙적인 글들은 완전 공개 혹은 감춰진 상태에서 우러나오는 의미 전달 형식이다. 시인의 시들은 부끄럼 없이 공개되는 시어들이다. 시의 제목도 그 영역에서 벗어나지 않는다. 사실 그런 시를 쓴다는 것은 대단한 용기이다. 삶이 진솔하다는 얘기다.

시의 대상이 하나님, 예수 그리스도 중심이다. 물론, 감사와 찬양으로 써지는 시들이다. 결코 자신의 경험의 자리에서 방황하지 않는다.

그러기에 작품을 대하는 우리는 작품들이 너무 단순하다는 느낌을 받는다. 어린 아이와 같은 솔직한 고백의 표현이다. 그건 드러나는 신앙시의 대표적 형식이다. 읽는 사람들이 신앙적 차원에서 제한적이라는 불리한 환경을 감수해야 한다. 그래서 더 가치가 있다. 개인적인 경험의 목소리가 찬미의 형태로 걸러지기 때문이다.

특이한 사실은, 일반 시들이 은유와 상징 등 형상화로 의미 전달을 시도하고 있는데 반해, 최철미 시인의 시어들은 가혹하리만큼 직설적이다. 그 직설에는 기독교적 삶으로 표현하려는 그리스도의 마음과 같은 애절함이 있다. 그러면서도 사실 필자는 시인의 작품을 대할 때면 어딘지 모르게 어색한 미완성의 단순성(주어의 반복, 평범한 시어의 나열 등)을 찾을 수 있었는데, 혹 시인의 작품 세계의 한계가 아닌가 하는 초조함을 갖고 있었다. 그런데 몇 편의 다른 작품을 읽고 그 초조함에서 벗어날 수 있었다.

……
차창으로
선잠 깬 나무들이 지나가고
어둠의 베일을 막 벗기 시작한 건물들이 지나가고

……

하루를 앞둔
모습들을 본다
반복되는 일상의
무표정한 얼굴들을 본다

―〈통근 열차〉 중에서

태엽 사이로
태고부터 쌓인 먼지가 보이는데
……
까치발을 하고
넘겨다본 내일
……

―〈벽시계〉 중에서

두 편의 시에서 실존의 무거운 형상이 통근 열차와 벽시계를 통해 그려지고 있다. '하루를 앞둔' '넘겨다본 내일' 이라는 표현에서 삶의 희망과 소망을 말하고 있다. 시간과 공간에 있어서 함축적인 의미 전달이다. 시인은 날카로운 주제 의식과 사물을 관조하는 이상적인 개념까지 소유하고 있다.

비동일성의 사고로 누구보다도 철저했던 아드르노의 예술에 비한다면 하나님의 삶을 현실에서 동일하게 체험

해 나가는 시인의 작품으로 적어도 우리는 서로 찬미의 감사라는 단어의 의미적 공유를 하고 있다.

이제부터 시작인 듯싶다. 합리적인 사고의 어린아이 같은 순수한 모습의 찬양의 노래를 우리 주변에서 많이 들려주었으면 하는 바람이다.

우리 모두에겐 나름의 텃밭이 있다. 일구고 가꾸는 일은 독자의 몫이다. 그 공간에 최철미 시인의 시어들이 거름이 될 것을, 이 글을 마치면서 기대하는 것은 사치가 아닐 것이다.

몽당연필의 노래

– 첫 시집을 내면서

그 많은 사연을 적어내느라
그 크던 키가 이렇게 작아졌습니다

나는 알고 있습니다
내 작은 가슴이 다 닳도록 써 내려간 많은 이야기와,
그 이야기들이 종이를 채워나갈 때 뿌듯하던 심정을

나는 기억하고 있습니다
단 하나의 언어를 찾아 헤매다 하얗게 새운 많은 밤과
그렇게 힘들여 찾아온 한 언어가 고운 시어 하나로 살아
올 때의 숨가쁜 감격을

나는 밤이 오면
올망졸망한 동무들이 함께 모여 사는 책상 서랍 속에서
기도합니다
오늘 하루도 감사합니다
내일 하루도 기쁘게 살게 해 주세요

내게 욕심이 있다면,
내가 쓴 이야기들을 읽는 사람들과 감사와 기쁨을 함께
나누는 것입니다

감사의 글

아버지는 시인이었다. 하나님은, 돌아가신 아버지의 시혼(詩魂)과 언령(言靈)까지도 그대로 내게 물려주신 것 같다. 어린 시절부터 나는 아버지처럼 책을 읽거나 시를 쓰는 일로 많은 시간을 보냈다.

지천명(知天命)의 나이에 지난 20년 간 써온 시를 묶어서 첫 시집을 낸다.

아들 여호수아를 키우느라 한동안 잊고 있었던 시심(詩心)을 다시 일깨워주신, 우리 True Light 교회 강밝내 목사님과, 기도로 힘이 되어주신 교우 여러분께, 이 시집의 초고(草稿)를 읽고 성심껏 소감과 조언을 말씀해 주신 강 전도사님께, 서평을 써 주신 백승철 목사님(시인 · 에피포도예술인협회 대표)께, 시집을 교정해 준 고마운 친구 주승연에게, 그리고 첫 시집을 출판해 주신 영문출판사 김수관 장로님께, 내 시를 읽어주는 고마운 가족과 친

척, 또 이웃과 친구들에게, 누구보다도(우리 아버지의 표현을 빌어) '내 삶의 길벗' 이 되어 주는 사랑하는 우리 남편과 아들 여호수아에게, 진심으로 깊은 감사를 드린다.

2015년 봄, 캘리포니아에서

최세훈 시인의 딸, 최철미

rcchoi1691@daum.net

http://blog.daum.net/rcchoi1691(다음 블로그 —시인의 딸)

詩人의 딸

■
초판 1쇄 인쇄 / 2015년 6월 10일
초판 1쇄 발행 / 2015년 6월 15일

■
지은이/최 철 미
펴낸이/김 수 관
펴낸곳/도서출판 영문
122-070 서울시 은평구 역촌동 10-82
☎ (02)357-8585
FAX • (02)382-4411
E-mail • kskym49@hanmail.net

■
출판등록번호/제 03-01016호
출판등록일/1997. 7. 24

정가 10,000원
ISBN 978-89-8487-318-6 03810
Printed in Korea